Tiberio

Una guía fascinante de la vida del segundo emperador de la antigua Roma y de cómo gobernó el Imperio romano

© Copyright 2020

Todos los derechos reservados. Ninguna parte de este libro puede ser reproducida de ninguna forma sin el permiso escrito del autor. Los revisores pueden citar breves pasajes en las reseñas.

Descargo de responsabilidad: Ninguna parte de esta publicación puede ser reproducida o transmitida de ninguna forma o por ningún medio, mecánico o electrónico, incluyendo fotocopias o grabaciones, o por ningún sistema de almacenamiento y recuperación de información, o transmitida por correo electrónico sin permiso escrito del editor.

Si bien se ha hecho todo lo posible por verificar la información proporcionada en esta publicación, ni el autor ni el editor asumen responsabilidad alguna por los errores, omisiones o interpretaciones contrarias al tema aquí tratado.

Este libro es solo para fines de entretenimiento. Las opiniones expresadas son únicamente las del autor y no deben tomarse como instrucciones u órdenes de expertos. El lector es responsable de sus propias acciones.

La adhesión a todas las leyes y regulaciones aplicables, incluyendo las leyes internacionales, federales, estatales y locales que rigen la concesión de licencias profesionales, las prácticas comerciales, la publicidad y todos los demás aspectos de la realización de negocios en los EE. UU., Canadá, Reino Unido o cualquier otra jurisdicción es responsabilidad exclusiva del comprador o del lector.

Ni el autor ni el editor asumen responsabilidad alguna en nombre del comprador o lector de estos materiales. Cualquier desaire percibido de cualquier individuo u organización es puramente involuntario.

Tabla de contenido

INTRODUCCIÓN 1
CAPÍTULO 1 - ANTE LOS EMPERADORES 3
CAPÍTULO 2 - NACIDO EN LA CONFUSIÓN 8
CAPÍTULO 3 - EL OJO DEL EMPERADOR 13
CAPÍTULO 4 - A LA SOMBRA DE AUGUSTO 17
CAPÍTULO 5 - PRIMERA CONQUISTA 23
CAPÍTULO 6 - MATRIMONIO FORZADO 26
CAPÍTULO 7 - ROCA DE FONDO 31
CAPÍTULO 8 - ASCENSIÓN 36
CAPÍTULO 9 - UNA PENDIENTE RESBALADIZA HACIA CAPRI 39
CAPÍTULO 10 - LA ÚLTIMA JABALINA 43
CONCLUSIÓN 47
FUENTES 50

Introducción

Tiberio Claudio Nerón César.

Comparado con los gobernantes anteriores, Julio César y Augusto, el nombre no resuena con la misma fama y pomposidad. Shakespeare no escribió ninguna obra sobre Tiberio; su nombre no resuena en los libros de historia con la misma asombrosa prominencia. Incluso sus sucesores, Calígula y Nerón, son más famosos que él. De hecho, Tiberio difícilmente puede ser llamado famoso en todo caso. La historia lo conoce más por su infamia.

Tiberio es recordado, si es que es recordado, por su mal comportamiento. Pasó gran parte de su mandato en una isla griega rodeado de todos los placeres que su carne enfermiza podía soñar, abandonando su imperio al escándalo y la intriga. Es un gran villano de la historia romana.

Esa misma historia nos ha enseñado, sin embargo, que incluso el peor de sus villanos no nace. Se hace, forjado en el fuego brutal del sufrimiento y convertido en déspota y tirano por el implacable martillo de la crueldad. Las mismas dificultades que crean a los héroes de la historia también tienden a formar a sus villanos, y Tiberio no es una excepción.

La historia de la vida del segundo emperador de Roma debería, a primera vista, evocar asco y horror. En cambio, a medida que se avanza en las páginas de un lamentable capítulo tras otro, una emoción inesperada se hace conocida: la lástima. La vida de este hombre es una lamentable telenovela de drama familiar, con la víctima una y otra vez resultando ser Tiberio. Sus padres se vieron obligados a divorciarse cuando era un niño pequeño. Su propio matrimonio, de hecho, sufriría el mismo destino, y terminaría casado con una mujer que todo el imperio odiaba. Su propio hermano murió en sus brazos. Su hijo le fue arrebatado. Incluso su último y mejor amigo murió joven, y Tiberio fue acusado injustamente de matarlo.

Esta no es solo la historia de un gobernante despótico que abandonó su puesto cuando el imperio lo necesitaba y decidió, en cambio, descender a horrores sexuales indecibles. Esta es la historia de un hombre que fue golpeado, roto por la vida. Un hombre que sintió que no tenía otra opción.

Capítulo 1 - Ante los emperadores

Según la leyenda, el primer rey de Roma fue criado por una loba.

Como bebés indefensos, Rómulo y su hermano gemelo Remo fueron arrojados al desierto por un rey celoso y vengativo. Colocados a la deriva en una cesta a orillas del Tíber, los dos bebés estaban condenados a morir. Pero la leyenda dice que ambos eran hijos de Marte, el dios romano de la guerra, y que no serían tan fácilmente despachados. Una loba rescató a los dos bebés y los crio como si fueran sus propios cachorros hasta que fueron capaces de cuidar de sí mismos. Los dos hermanos se convirtieron en guerreros, buscando venganza contra el rey que había intentado matarlos. Se vengaron y luego, desafiando, fundaron una ciudad a orillas del mismo río que se suponía que los había ahogado.

Pero esta ciudad no era lo suficientemente grande para ambos. Surgió un conflicto entre los hermanos, y llegaron a los golpes. Remo fue asesinado, y cuando Rómulo salió victorioso, supo cómo nombrar la ciudad. Le puso su propio nombre: Roma.

La leyenda cuenta que Rómulo se convirtió en el primer rey de Roma a mediados del siglo VIII a. C. Es más probable que Roma haya existido durante años como una pequeña aldea sin sentido, y que una invasión de los etruscos vecinos haya obligado a su gente y a las tribus que la rodean a unirse y defender sus hogares. De cualquier manera, tenemos registros de los primeros siete reyes de Roma, que vivieron entre el 735 y el 510 a. C.

Estos reyes eran muy diferentes de los que gobernaban las tribus y países que los rodeaban por una razón principal: el reino de Roma no era hereditario. Aunque el gobernante de Roma se llamaba Rex, o "Rey", no ascendió a su trono por derecho de nacimiento. En su lugar, fue nominado por un ciudadano elegido y de confianza de Roma y luego elegido por un consejo conocido como la Asamblea de la Curia.

Aunque el rey fue elegido, aún gobernó como un monarca absoluto. Era el líder religioso, militar y administrativo de Roma, y el pueblo no tenía voz ni voto en su destino.

El reino de Roma prosperó bajo los primeros reyes. El sucesor de Rómulo, Numa Pompilio, era un hombre amable y piadoso, lo que contrastaba con el brutal fundador de Roma. Sin embargo, los reyes que le siguieron eran guerreros, y lucharon para expandir y unificar Roma. Lo que una vez fue un pueblo se convirtió en una importante ciudad con una gran población y un poderoso gobierno. Sin embargo, la palabra del rey seguía siendo ley, y cuando los reyes eran injustos, el pueblo sufría.

El último rey de Roma fue el más injusto de todos. Lucio Tarquino el Soberbio, o Tarquín el Orgulloso, asesinó a su predecesor, tomó el poder y, según la leyenda, se convirtió en un tirano despreciable. El pueblo sufrió bajo su duro gobierno, pero no por mucho tiempo. Cuando el hijo de Tarquino, Sexto, atacó y violó a una mujer amada y virtuosa llamada Lucrecia (que se suicidó como resultado), el pueblo lo consideró un pecado imperdonable. Tarquino fue forzado por su propio gobierno y enviado al exilio. A pesar de aliarse con los etruscos en un intento de recuperar Roma, Tarquino nunca más se sentaría en su trono.

El gobierno tiránico de Tarquino había dejado al pueblo romano cauteloso de volver a confiar en un rey. De hecho, la monarquía estaba fuera de discusión para la mayoría de la gente, que se había dado cuenta de que tenían el poder de derrocar a sus líderes si así lo deseaban. Decidieron formar un nuevo gobierno, uno que dejara el poder en manos de los súbditos de Roma en lugar de sus líderes. Y mientras que los primeros años después del gobierno de Tarquino se caracterizaron por la agitación y las constantes batallas contra las tribus vecinas que intentaban aprovecharse de los romanos sin rey, finalmente, un nuevo tipo de gobierno surgió de la oscuridad. Esta fue la primera república del mundo.

La república fue gobernada por dos cónsules, que fueron elegidos por sólo breves períodos, al principio, tan cortos como un año, por el Senado romano. Y durante muchos años, una vez que la república se había establecido firmemente, floreció enormemente. Esta forma única de gobierno demostró forjar una ciudad que se convirtió en una nación mucho más poderosa que sus vecinos. A pesar de la tragedia del saqueo de Roma por los galos en 390 a. C., los líderes se levantaron no sólo para defender la ciudad sino también para expandir sus tierras hasta que Italia, Macedonia y partes del norte de África cayeron bajo el mando romano. De vuelta a la ciudad, la cultura comenzó a prosperar gracias al contacto con los griegos. En el 450 a. C., las Doce Tablas del Derecho romano fueron inscritas y puestas en exhibición en el Foro romano. Esas leyes formaron la base del derecho occidental, y los principios que allí se enuncian se siguen utilizando hasta el día de hoy.

La república estaba lejos de ser perfecta, a pesar de su gran éxito. Especialmente en los primeros años, los patricios, o la nobleza, eran conocidos por suprimir a los plebeyos, o plebeyos. Sin embargo, los plebeyos continuaron presionando para conseguir más poder y más influencia en sus destinos, y en la república posterior, los plebeyos pudieron ser elegidos para altos cargos, incluso para el consulado.

El salvaje éxito de la república romana demostró ser su caída. Sus fronteras crecieron y se expandieron hasta abarcar una zona tan grande que dos cónsules, carentes de poder absoluto sobre un vasto dominio de pueblos diversos, lucharon por mantener el control. En el siglo I a. C., el cónsul romano Sila se convirtió en un dictador, que era un papel que los cónsules podían asumir cuando la república estaba bajo una presión extrema. Esta posición llegó con severas limitaciones y tuvo que ser aprobada por el Senado, que, en este caso, puso a Sila en el cargo sin límite de tiempo establecido. Aunque esto se había hecho antes, nunca se había hecho cuando la república no estaba en extremo peligro. Quizás Sila creía que Roma sólo podía sobrevivir bajo el firme control de un líder duro. Sin embargo, el gobierno de Sila estaba lejos de lo que Roma realmente necesitaba. Su pueblo lo odiaba, y de ese odio surgió una de las figuras más legendarias y famosas de Roma: Julio César.

César fue un enemigo de Sila desde el principio. Su matrimonio con Cornelia, hija de uno de los pocos rivales de Sila, hizo que el furioso dictador intentara forzar al joven César a divorciarse de su esposa. César se negó y fue exiliado por su decisión. Incluso después de la temprana muerte de Cornelia, César no podía olvidar lo que Sila le había hecho. Sus habilidades estratégicas y diplomáticas se agudizaron cuando fue capturado por piratas en algún momento de los años 70 a. C., ya que logró negociar su camino hacia la libertad y hacer que los piratas lo conquistaran y destruyeran.

En los 60 a. C., con Sila fuera del camino, los cónsules gobernaron sobre Roma una vez más, y César fue elegido para ser uno de ellos. Él sería el último cónsul de Roma. Aunque primero gobernaría en un triunvirato con dos formidables generales romanos, Craso y Pompeyo (que habían sido sus rivales más agresivos), César pronto se dio cuenta de que no estaba contento con compartir su poder. Sus hazañas militares en la Galia y otras partes de Europa habían ampliado considerablemente las tierras de Roma, y las quería todas para él. Con Craso siendo asesinado a mano en Partia, solo le quedaba competir con Pompeyo. Celoso del poder de César, Pompeyo trató de afirmar su dominio sobre César. El resultado fue desastroso. César cruzó el río Rubicón y se dirigió directamente a Roma, listo para forzar su poder sobre la ciudad. La guerra civil que siguió fue brutal y unilateral; Pompeyo fue puesto en fuga, y César se convirtió en el único gobernante de Roma.

Fue el primero, pero no sería el último. Los días de los cónsules gobernando la República romana habían terminado. Roma estaba a punto de convertirse en otra cosa, algo que demostraría ser una de las mayores y más duraderas potencias de Europa: El Imperio romano.

Capítulo 2 - Nacido en la confusión

Julio César era poderoso, pero como muchos hombres poderosos, también era impopular; de hecho, era tan impopular que en marzo del 44 a. C., un grupo de senadores lo agarraron donde estaba sentado en su podio y empezaron a clavar sus cuchillos en su cuerpo, dura y despiadadamente. Veintitrés puñaladas más tarde, Julio César estaba muerto. La República romana murió con él.

Los asesinos eran hombres que habían sido parte del círculo íntimo de César, hombres que habían estado íntimamente involucrados en el gobierno, y se habían cansado de él. Aunque César nunca tuvo el título de emperador, fue conocido como el *dictador perpetuo*. Temiendo que Roma estuviera en la vía rápida para convertirse en una monarquía absoluta una vez más, los senadores decidieron que sólo había una salida. A pesar de que César había traído gran estabilidad y prosperidad a todas sus enormes tierras, era profundamente odiado por el Senado. Su esperanza era que, matando a Julio César, la República romana sería restaurada una vez más.

Pero no iba a ser así. Antes de su muerte, César había nombrado a su sucesor, dejando claro que quería que su título fuera hereditario en lugar de permitir que se eligiera al siguiente gobernante de Roma. Este sucesor era su sobrino nieto, Cayo Julio César, mejor conocido por su nombre de nacimiento, Octavio. Octavio había sido seleccionado como heredero de César cuando aún era un adolescente, y desde entonces se llamaba César, lo que indicaba que estaba seguro de que estaba destinado a grandes cosas. Aunque era arrogante, no estaba equivocado.

Después de la muerte de César, el Senado no estaba unido en su determinación de ver resucitada la República romana. Había varios senadores que estaban horrorizados por la muerte de César, así como partidarios del difunto dictador, y Octavio se alió rápidamente con uno de ellos, un hombre llamado Marcus Antonius; o, para darle el nombre con el que Shakespeare lo inmortalizó, Marco Antonio. También se aliaron con Marco Emilio Lépido, un clérigo que había apoyado a César durante su reinado, y juntos, los tres formaron el Segundo Triunvirato.

El gobierno de Octavio y sus amigos no fue sin oposición. De hecho, durante los primeros años de su reinado, Octavio pasaría la mayor parte de su tiempo luchando en una sangrienta guerra civil. Con Antonio y Lépido a su lado, se puso a trabajar luchando contra dos grandes enemigos: Bruto Casio, un cabecilla del asesinato de Julio César, y Sexto Pompeyo, el hijo de Pompeyo. Al final, Octavio, Antonio y Lépido tuvieron éxito, pero el Segundo Triunvirato se desmoronó bajo el peso de la guerra. Lépido fue derrotado, y Antonio y Octavio gobernaron juntos.

A diferencia de César, parece que Octavio aún estaba contento de compartir su poder con Marco Antonio. Antonio era un comandante militar talentoso y un administrador capaz, pero tenía una gran debilidad, y su nombre era Cleopatra. La hermosa y capaz reina de Egipto había capturado el corazón de Antonio cuando se había quedado allí durante su campaña de Partia, y se había casado con ella, a pesar de que Octavio le había dado una de sus propias hijas para que se casara. Su relación se agrió, yendo más abajo cuando Antonio acusó a Octavio de no ser ni siquiera el heredero legítimo de Roma. El Senado estaba del lado de Octavio, y lo apoyaron cuando se declaró una guerra civil, despojando a Antonio de su consulado. Roma fue gobernada por un hombre otra vez, y este crecería para llamarse a sí mismo emperador.

Primero, sin embargo, tuvo que enfrentarse a Marco Antonio. El antiguo cónsul no sería expulsado tan fácilmente como Octavio y su Senado esperaban. Había sido la mano derecha de César cuando atacaron el Rubicón y Roma, y aún se veía a sí mismo como un leal. Cleopatra había capturado su corazón, pero cuando le entregó algunos de los territorios egipcios de Roma, no fue simplemente porque fuera su amante. Había sido porque ella también había sido amante de Julio César, y posiblemente le había dado un hijo. Aunque no se sabe con certeza si este niño era realmente de César, Antonio estaba seguro de que el niño era el heredero legítimo del título imperial. Pero también estaba listo para tomar su justa parte del poder.

Cleopatra se convirtió en la villana del momento, ya que fue acusada de seducir tanto a César como a Antonio. Era una amenaza formidable, la reina de un importante reino que sería un enemigo peligroso para Roma, y Octavio estaba decidido a probar que podía gobernar como lo había hecho César. Reuniendo un ejército de 200.000 hombres, liderado por su general favorito Marco Agripa, partió hacia Egipto, pero no sin antes erradicar cualquier apariencia de resistencia en la propia Roma. Cualquiera que simpatizara con Antonio estaba en riesgo, y Tiberio Claudio Nerón era una de esas personas.

Tiberio Nerón era un experimentado comandante militar de cincuenta años que había servido durante más tiempo del que Octavio había vivido. Había demostrado su temple en los 40 a. C., luchando contra Pompeyo y otros rivales en la guerra de Alejandría del lado de Julio César. Tiberio Nerón se había hecho un nombre como un fuerte comandante, siendo elevado al título de cuestor, pero rápidamente comenzó a perder su confianza en César. Tenía valores anticuados, aferrándose a la esperanza de que Roma pudiera ser gobernada como una república a pesar de su inmensidad, y cuando César demostró ser cada vez más un dictador, Tiberio Nerón comenzó a resistirse pasivamente a él. Por suerte para él, Tiberio Nerón nunca tomó medidas contra César, y a pesar de su ruidoso apoyo a los asesinos de César, fue elegido como pretor dos años después de la muerte de César.

Cuando Octavio demostró seguir de cerca los pasos de César y el Segundo Triunvirato se desmoronó, Tiberio Nerón supo que no podía permanecer neutral. Estaba aterrorizado de lo que el gobierno de Octavio significaría para él y su pequeña, pero creciente, familia.

Hace veinte años, Tiberio Nerón podría haber elegido luchar contra Octavio, pero no ahora. Recientemente, se había casado con una hermosa chica llamada Livia Drusila, una mujer al menos dos décadas menor que él, que también era su prima. Livia era encantadora. Hermosa, modesta y tranquila, era la imagen ideal de una esposa romana, la suplente perfecta para un poderoso líder militar. Tenía sólo dieciséis años cuando se casó con Tiberio Nerón, poco después de la muerte de César, y cambió el mundo del comandante. Su gentileza le hizo alejar su corazón de la guerra, y su mundo cambió aún más en el 42 a. C., dos años después del asesinato. Fue el 16 de noviembre, en una lujosa villa en una de las siete famosas colinas de Roma (la Colina Palatina), que la joven Livia trajo al mundo el primer hijo de Tiberio Nerón. Era un niño, y lo que era más, era un niño sano: un regalo raro en un mundo antiguo lleno de enfermedades. Tiberio Nerón estaba encantado. Le puso su nombre al niño: Tiberio Claudio Nerón. Sería mejor conocido simplemente por su nombre de pila: Tiberio.

A pesar de las esperanzas de Tiberio Nerón, Tiberio no se criaría en la paz y el santuario de la mansión en la Colina del Palatino. Para el 41/40 a. C., Octavio marchaba sobre Marco Antonio y Cleopatra, y la guerra civil había dividido a Roma en una sola línea irregular. No se podía mantener la neutralidad; incluso las calles estaban llenas de conversaciones sobre quién sería el próximo gobernante de Roma. Tiberio Nerón no podía estar exento de tomar partido, aunque parecía no querer nada más que establecerse con su mujer y su hijo pequeño. Tiberio Nerón no podía confiar en Octavio. Había algo traicionero en el gobernante, algo en lo que no podía confiar. Eligió aliarse con Marco Antonio en su lugar, y así, no tuvo más remedio que huir de Roma con su esposa y el pequeño Tiberio de dos años.

Para Tiberio Nerón, esto significaba destrozar sus sueños. Para Livia, significaba ser catapultada de una vida de relativa seguridad y lujo a una aterradora serie de vuelos de un atacante tras otro. Y para el pequeño Tiberio, un simple niño pequeño, significó una dura infancia con complicaciones que permanecerían con él para siempre.

Capítulo 3 - El Ojo del Emperador

Tiberio Claudio Nerón, los primeros recuerdos del joven eran todos sobre huir.

En la costa de Egipto, Octavio estaba causando estragos en las fuerzas de Marco Antonio, golpeándolo con una derrota tras otra. Cada derrota significaba un desastre mayor para los seguidores de Antonio, incluyendo a Tiberio Nerón y a Livia. Livia era poco más que una niña asustada, una adolescente con un bebé en sus brazos; no tenía nada en que confiar, excepto la habilidad de su marido para mantenerlos fuera de peligro. Huyendo cada vez más al este, Tiberio Nerón los llevó de Sicilia a Grecia, evitando por poco el desastre a cada paso.

Pero el pequeño Tiberio no sabía nada de guerras civiles y emperadores furiosos. Todo lo que sabía era el hecho de que su vida estaba siempre cambiando. Se establecerían en un hogar, y justo cuando empezaba a acostumbrarse, su madre lo despertaba por la noche, lo acurrucaba en sus brazos y huía a la oscuridad tras los pasos de su marido, amonestando al joven Tiberio una y otra vez para que se callara. A veces escuchaba los gritos de batalla, ya que la guerra causaba disturbios en todo el imperio. Y el pequeño Tiberio, aferrándose al vestido de su madre, estaba aterrorizado.

No era forma de que un niño viviera. Pero viviría, ya que Tiberio Nerón se las arregló para mantenerlos un paso adelante de sus enemigos.

* * * *

Apenas unos meses después de comenzar su aventura con Cleopatra, Marco Antonio regresaría al redil, aunque era mucho mayor que el joven Octavio. Las fuerzas del joven cónsul habían causado estragos en Antonio, forzándolo a regresar, aunque su corazón aún añoraba a la reina que lo había seducido. Antonio no tuvo otra opción que casarse con la hermana de Octavio, Octavia la Joven, y establecerse, terminando la guerra civil alrededor del 40 a. C.

Pero esta paz duró poco. Antonio amaba a Cleopatra con demasiada pasión y estaba demasiado desesperado por mantener su propio poder y no permitiría que un joven advenedizo como Octavio lo empujara por mucho tiempo. En el 37 a. C., regresó a Egipto y a Cleopatra. Ambos se convirtieron en héroes y dioses a los ojos del pueblo al que servían, y Cleopatra apoyó a su marido romano durante las guerras romano-partisanas que aún se libraban en la actual Turquía e Irán. Para el 32 AEC, Antonio había recuperado su confianza. Se separó de Octavia el Joven, y se declaró una vez más la guerra entre Antonio en el este y Octavio en el oeste.

Esta vez, sin embargo, Octavio estaba listo. Se había establecido como el único gobernante de su parte del estado romano, y estaba listo para tomar todo por sí mismo. Convocando un ejército de cientos de miles de personas, Octavio atacó en Accio el 2 de septiembre del 31 a. C. En una acalorada batalla naval, brillantemente comandada por Agripa, Octavio hizo huir a Cleopatra y a Antonio. Regresaron a la ciudad de Alejandría, donde Antonio, sabiendo que había sido golpeado, se suicidó en el mausoleo de Cleopatra. Cleopatra se aferró a la vida unos días más, pero cuando se dio cuenta de que Octavio era el único gobernante romano que podía resistirse a su seducción, siguió su ejemplo.

Con eso, Roma y sus tierras se unieron una vez más. Y Octavio regresó a su ciudad capital, sin ningún tipo de rival.

* * * *

Fue durante la primera paz entre Octavio y Antonio, alrededor del 40 a. C., que se concedió la amnistía a todos los enemigos de Octavio durante la guerra civil. Para miles de personas en todo el imperio, fue un muy necesario suspiro de alivio. Para Tiberio Nerón y Livia, fue como el final de un mal sueño. Tiberio Nerón pudo finalmente regresar a la ciudad que amaba y a su hogar en la Colina Palatina para criar a su pequeño hijo y cuidar de su esposa embarazada en la paz que él anhelaba.

Tristemente, para la familia, regresar a Roma resultó ser una elección catastrófica. Habrían estado mejor si se hubieran quedado a salvo en Grecia, lejos de los ojos errantes de Octavio. No es que Octavio fuera un enemigo de la familia cuando regresaron a Roma. En vez de eso, demostraría ser demasiado amistoso.

Livia era ahora una mujer joven en pleno florecimiento de su belleza. Alrededor de los veinte años de edad, era absolutamente llamativa; con una piel pálida impecable y unos ojos brillantes y llenos de sentimiento, volvía la cabeza cuando caminaba por la calle, especialmente junto a su viejo y canoso marido. No solo era hermosa, gentil y obviamente fértil, teniendo a Tiberio de tres años cerca de sus talones, sino que también era parte de una familia prominente. La forma en que se comportó fue regia, con una dignidad atemporal que hablaba del sentimiento de la gente sobre la antigua República romana. Además, a pesar de sus ojos inocentes y sin culpa, Livia era ferozmente inteligente. Para Octavio, quien pronto se divorciaría de su segunda esposa en el 38 a. C., ella llenó todos los requisitos.

Tiberio no sabía de estas cosas, por supuesto. Como pasó dos años de infancia feliz obteniendo lo mejor de todo en la Colina Palatina, todo lo que sabía era que Livia era su madre, y que la amaba. Según todas las apariencias, el matrimonio de Livia y Tiberio Nerón se mantuvo sólido, a pesar de que Tiberio Nerón era mucho mayor que ella. El amor y la risa, por un tiempo, resonaron a través de las paredes de la villa cuando el vientre de Livia comenzó a hincharse con la promesa del segundo hijo de Tiberio Nerón.

Todo se desmoronó en el 37 a. C. cuando Octavio finalmente hizo su movimiento. Él quería a Livia, y el hecho de que fuera esposa y madre no lo disuadió. Exigió que Livia se casara con él, y, por lo tanto, ella tendría que divorciarse de Tiberio Nerón. No está claro cómo exactamente Octavio hizo que esto sucediera, pero está muy claro que Tiberio Nerón no podía decirle que no al hombre más poderoso del mundo occidental. Con un corazón pesado, dejó ir a su joven esposa... y Tiberio tuvo que ver a su madre irse.

De la noche a la mañana, el mundo de Tiberio se cayó a pedazos. La casa en la Colina del Palatino se quedó de repente muy tranquila, sus majestuosos pilares ahora tan silenciosos como las lápidas, proyectando sus largas sombras sobre un hogar frío y vacío.

Capítulo 4 - A la sombra de Augusto

La joven, vestida con muselina blanquecina, caminaba lentamente, con la suave tela cayendo casi hasta el suelo. El flameado amarillo, un velo que encerraba su cabeza, pero mantenía su rostro abierto, no era suficiente para ocultar sus ojos rojos. Esta no era la primera ceremonia de matrimonio en la que participaría. Todo le era familiar: el complicado nudo que sujetaba la tira de lana que le servía de cinturón, el intrincado estilo en el que se le recogía el pelo y se le adornaba con flores. Incluso la constante presión en su brazo del hombre mayor que daba cada paso a su lado era familiar.

Excepto que esta vez, Livia Drusila no caminaba al lado de su propio padre. Caminaba por el pasillo con Tiberio Nerón, el hombre al que había llegado a amar. A pesar de que se parecían más a padre e hija que a marido y mujer, Livia lo había seguido hasta el final de su mundo. Había dado a luz a sus hijos. Había tenido momentos felices con él, y esos tiempos ya habían terminado. Tiberio Nerón era ahora su exmarido, y ella caminaba a su lado por última vez.

Octavio esperó para recibirla, brillando por el hermoso premio que había arrancado de las garras de Tiberio Nerón. El viejo comandante la entregó, tanto literal como figurativamente, acompañándola hasta el final. Y con ese simple gesto, rasgó el mundo del joven Tiberio por la mitad.

* * * *

Cuando Livia se casó con Octavio, probablemente estaba embarazada de Tiberio Nerón. Fue sólo semanas después que trajo el bebé al mundo, y fue otro niño pequeño, fuerte y saludable como su hermano. Pero a diferencia de Tiberio, a este pequeño no se le permitiría experimentar el abrazo de los brazos de su madre. Se debate si nació directamente antes o después del matrimonio, pero, de cualquier manera, el resultado fue el mismo. El bebé, llamado Druso Claudio Nerón en honor al difunto padre de Livia, fue separado de ella demasiado pronto. Fue enviado a vivir de nuevo en la Colina Palatina con su padre y su hermano mayor, Tiberio.

El bebé Druso, por supuesto, difícilmente podría haber sabido lo que realmente le estaba pasando; un hombre de los medios de Tiberio Nerón habría conseguido rápidamente una enfermera de confianza para cuidar del niño. Pero para Tiberio, el mundo se había vuelto terrible y confuso. Solo tenía unos cinco o seis años, un niño profundamente apegado a su madre, pero ahora ella se había ido. Durante tres largos años, Tiberio vivió con su hermanito, viendo a su madre solo de vez en cuando en desfiles y apariciones públicas. Se había convertido en la joya de la corona de Roma, pero para Tiberio, seguía pareciéndose a su madre.

Poco sabía Tiberio que pronto perdería incluso más que su madre. Su padre, solo y envejecido, su carrera militar terminó en la ignominia, su bella y joven esposa le fue arrebatada brutalmente, no viviría mucho más.

* * * *

Las piernas cortas de Tiberio ya estaban agotadas de llevar la parte trasera de la larga procesión. Caminar una larga distancia por las calles de Roma era una tarea difícil para cualquier niño de nueve años; hacerlo al final de la procesión fúnebre de su propio padre era casi imposible. Los dolientes profesionales habían encabezado el camino así que Tiberio no podía ver mucho de ellos desde su lugar en la parte de atrás, pero podía oírlos gritar mientras se arrancaban el pelo y se arrastraban las uñas por la cara. Habrían sido seguidos por actores que representaban a los ancestros de Tiberio Nerón, y luego habría estado el féretro, donde yacía el cuerpo de Tiberio Nerón. Tiberio no podía creer que la cosa pálida y rígida que yacía en el féretro era realmente su padre. El Tiberio Nerón que había conocido se había reído y llorado y le había enseñado a él y a Druso lecciones y los había disciplinado por ser groseros. Pero este Tiberio Nerón era rígido y frío.

Tiberio y Druso, junto con otros miembros más distantes de la familia de Tiberio Nerón, se encargaron de la retaguardia. Druso tenía solo tres años. Tal vez Tiberio estaba celoso de él, sabiendo que no tenía la gran responsabilidad de ser el hermano mayor, de tener que cumplir con el deber sagrado que le esperaba.

Una vez que la procesión terminó, el cuerpo de Tiberio Nerón fue llevado a la necrópolis para ser cremado. Los adultos le habían dicho a Tiberio que cuando la quema ocurriera, la sombra de Tiberio Nerón cruzaría la Estigia, y él entraría en la otra vida. Tiberio no estaba seguro de cómo era la vida después de la muerte, pero sabía que nadie regresaría.

También sabía que la siguiente parte del funeral, el panegírico, era su último deber con su padre muerto. A pesar de tener sólo nueve años, Tiberio sería el que pronunciaría el largo panegírico por su padre. Tiberio Nerón había pagado para que sus hijos tuvieran una buena educación, y valió la pena. Tiberio hizo el panegírico, su primera aparición pública.

Y entonces su vida cambió de nuevo para siempre. Sin su padre, Tiberio y Druso tuvieron que irse a vivir con su madre, Livia, y su esposo, el gobernante de Roma.

* * * *

A su regreso de la guerra con Antonio y Cleopatra en el 31 a. C., dos años después de que Tiberio viniera a vivir con él, Octavio supo que estaba listo para convertirse en el único gobernante de Roma. Pero el asesinato de Julio César le había enseñado una dura lección. Si iba a convertirse en el primer emperador de Roma, tenía que hacerlo más lentamente, ejerciendo más tacto. Así, hizo que se eligiera un segundo cónsul: Marco Agripa, el comandante que le había dado la victoria sobre Antonio.

Aún era evidente que Octavio buscaba más poder del que cualquier gobernante romano había tenido antes, pero su diplomacia estaba dando sus frutos. A pesar de ser el hombre más rico del imperio, y sin duda con mucho más poder que el Senado gracias a sus cuidadosos movimientos políticos, Octavio era muy querido. Esto se demostró en enero del 27 a. C. cuando el Senado decidió otorgarle un título que ningún romano había tenido antes: Augusto. Significa "ilustre" y tiene una connotación casi divina, y a Octavio le encantaba. Aunque sirvió junto a otros cónsules en los años siguientes, era evidente que Octavio era ahora el único gobernante de Roma, y el 27 a. C. se considera tradicionalmente el final de la República romana y el comienzo del Imperio romano.

Mientras tanto, Octavio ya estaba coqueteando con la idea de nombrar un heredero. Favorecía a su sobrino, un joven llamado Marco Claudio Marcelo, ya que su matrimonio con Livia había sido improductivo.

Tiberio, ahora un muchacho de quince años, no fue tratado mal en el palacio de Augusto. Es fácil imaginar que el adolescente debió luchar por vivir en la casa del hombre que se llevó a su madre, el hombre que rompió el corazón de su padre. Sin embargo, tanto Tiberio como Druso recibieron lo mejor de todo. Augusto no escatimó gastos en su educación, y fueron criados junto a Marcelo, sabiendo que su noble nacimiento y alta educación les daría probablemente algún día importantes posiciones en el imperio.

Poco después de recibir el título de Augusto, el emperador en ascenso se dirigió al frente de guerra en la Galia. Las tribus germánicas de allí todavía se resistían a los romanos, y Augusto tenía dos razones para inspeccionar la frontera: primero, para comprobar que su imperio no estaba en peligro, y segundo, para exponer a su posible heredero a la batalla. Se llevó a Marcelo con él, y Tiberio también lo acompañó. No era la primera vez que Tiberio sentía la tensión de la guerra y escuchaba el choque y el grito de la batalla; lo había escuchado a la distancia cuando era un niño pequeño mientras sus padres intentaban mantenerse alejados de Octavio. Esta vez, lo atravesó pisándole los talones al hombre del que él y su familia habían huido durante años en sus primeros recuerdos.

Por difícil que haya sido la adolescencia de Tiberio desde el punto de vista emocional, su vida pronto daría un giro para mejor y, extrañamente, su fortuna se debió a una tragedia. El viaje al frente había mostrado a Marcelo como un prometedor comandante y soldado, haciendo que Augusto estuviera aún más seguro de su elección de heredero. Sin embargo, Augusto tenía una hija: Julia, una joven que había nacido poco más de un año antes de que se casara con Livia. De hecho, Julia era la única razón por la que había esperado tanto tiempo para divorciarse de su segunda esposa, Escribonia. En realidad, se divorció de Escribonia el mismo día que nació Julia.

Julia había crecido en la casa de una mujer que no era su madre, y eso la había hecho difícil y amarga. Sin embargo, ella seguía siendo de importancia estratégica para el imperio. Augusto se aprovechó de ello al desposarla con Marcelo, reforzando su posición como heredera, a pesar de que Julia solo tenía doce años. Era poco más que un peón para Augusto, pero al menos estaba prometida a un chico que conocía, un chico con el que había crecido y que estaba más cerca de su edad. Marcelo había nacido el mismo año que Tiberio, lo que lo hacía tres años mayor que Julia. Se casaron en el 25 a. C.

Sólo dos años después, la tragedia golpeó. Marcelo murió. Augusto y el imperio entraron en pánico; el joven, de diecinueve años en el momento de su muerte, había sido decisivo para el futuro de Roma. Augusto se vio obligado a recurrir a su más fiel aliado, Agripa, que entonces tenía cuarenta años. Para horror de Julia, fue casada rápidamente con el viejo general en el 21 a. C., aunque era casi 25 años menor que él. A diferencia de la relativamente pacífica unión de Livia y Tiberio Nerón, este matrimonio no fue feliz.

Para Tiberio, sin embargo, resultó ser una bendición, porque cuando Agripa vino al palacio, trajo a alguien con él, alguien hermoso y dulce y gentil, una simple chica de quince años con ojos seductores que capturó el corazón de Tiberio de inmediato. Era la hija de Agripa, Vipsania Agripina. Y en pocas semanas, Tiberio estaba desesperadamente, locamente enamorado de ella.

Capítulo 5 - Primera Conquista

Ilustración I: Una estatua de Tiberio del primer siglo de Paestum

Vipsania cambió el mundo de Tiberio desde el momento en que entró en él.

Las fuentes difieren en cuanto a si Tiberio y Vipsania se habían comprometido desde que Vipsania era un bebé y cuando Tiberio acababa de ser adoptado por la familia de Augusto. Es plausible, teniendo en cuenta que Augusto buscaba crear múltiples opciones para los sucesores en caso de su muerte. En cualquier caso, está claro que Vipsania y Tiberio se enamoraron salvajemente y que, tanto si estaba arreglado como si no, Tiberio estaba ansioso por casarse con la joven de ojos abiertos que había capturado tan intensamente su inquieto corazón.

Parecería que toda la amargura de su juventud había empezado a desvanecerse para Tiberio cada vez que los ojos de Vipsania brillaban con la luz del sol en su corazón. No perdieron mucho tiempo en casarse. En el 20 a. C., poco después de la unión de Julia y Agripa, Tiberio y Vipsania se casaron.

Después de su tumultuosa infancia, las cosas empezaban a mejorar para Tiberio, que ya tenía 22 años. Todavía estaba atrapado con su padrastro, a quien probablemente todavía odiaba, pero al menos su cercanía con Augusto le permitía alcanzar rangos cada vez más altos. La muerte de Marcelo había convertido a Tiberio y Druso en potenciales herederos del trono imperial, ya que Agripa era demasiado viejo, y él y Julia aún no habían producido nietos para Augusto. En el 24 a. C., Tiberio había sido elegido para el rango de cuestor, y así entró en el mundo de la política. Demostró ser un mundo que llegó a amar; se convirtió en un abogado, y en un mundo donde la ley estaba todavía en su infancia, y los roles de los jueces y abogados eran más de argumentar retórica, lo encontró sin embargo estimulante.

Tiberio y Vipsania no llevaban mucho tiempo casados cuando fue llamado al frente, esta vez con un asunto militar mucho más urgente que el de controlar algunos puestos militares. Armenia, un país rico y abundante que era particularmente conocido por su interminable suministro de buenos caballos de carruaje, había sido capturado por uno de los mayores enemigos de Roma: Partia. La propia Armenia había sido un campo de batalla para generales tan legendarios como Craso, Pompeyo e incluso Marco Antonio. Había estado bajo el control de Partia durante algún tiempo mientras Augusto se centraba en resolver su propia guerra civil, pero cuando un grupo de simpatizantes romanos asesinó al rey armenio -que había sido poco más que una figura del control de Partia- Augusto supo que era el momento de actuar. ¿Y quién mejor para enviar al frente que su heredero potencial de veintitantos años, Tiberio?

Tiberio se dirigió al frente en el año 20 a. C. junto con un joven real armenio llamado Tigranes, y llegaron a Armenia a tiempo para lanzar una campaña masiva, que tuvo un gran éxito. Ayudados por los simpatizantes romanos dentro de Armenia, Tiberio y Tigranes fueron capaces de derrotar a los partos. Tiberio instaló a Tigranes en el trono, donde fue coronado Tigranes III de Armenia, e inició un tratado de setenta años con Partia que mantendría una especie de paz que Armenia y Roma necesitaban desesperadamente.

Al regresar a Roma, Tiberio fue aclamado como un héroe por las multitudes que lo adoraban, los soldados que respetaban el trato ecuánime que daba a sus tropas, un orgulloso emperador y una hermosa esposa de ojos saltones. Se le dio un glorioso triunfo a través de la ciudad, un desfile para honrar y exaltar sus logros. Cabalgando en un carro tirado por caballos blancos, con un manto púrpura sobre sus hombros, Tiberio se armó con la hermosa mujer que adoraba. Las multitudes de Roma vitoreaban salvajemente mientras Vipsania se reía a su lado, y la vida nunca había sido mejor para el joven pretor victorioso.

Sin embargo, en pocos años, la vida daría un giro terrible para peor.

Capítulo 6 - Matrimonio forzado

Hacia el 18 a. C., la propia Roma estaba entrando en un período de estabilidad. La guerra civil había sido tratada hace mucho tiempo; había, como siempre, unas pocas facciones rebeldes jugando en la Galia, pero nada que amenazara al propio imperio. Incluso Partia había sido finalmente sometida por un tiempo. Lo mejor de todo, a pesar del constante odio de Julia hacia su anciano marido, había logrado llevar dos niños a Agripa. Cayo César y Lucio César eran niños sanos, nietos de Augusto, y como tales, eran perfectos herederos del Imperio romano. Augusto los había adoptado a ambos como suyos, y estaba claramente dispuesto a prepararlos para sucederle.

Para Tiberio, esto significaba que estaba bastante abajo en la lista de posibles herederos al trono, pero no estaba particularmente preocupado en ese momento. Estaba recién casado con una hermosa mujer, disfrutando de una carrera en la política que amaba, aunque era poco probable que lo convirtiera en un emperador, y un exitoso y respetado hombre de guerra. La vida era buena.

En el 16 a. C., Tiberio y su hermano Druso fueron enviados una vez más al campo de batalla. Aún era un golpe para Tiberio dejar atrás a Vipsania, pero estaba listo para enfrentar la batalla una vez más. Esta vez, se fue a la actual Austria, Suiza y Baviera. Las tribus germánicas estaban causando peleas con las tropas romanas allí, y Tiberio y su hermano fueron enviados a someterlos.

El paisaje de esos países, que hoy en día es tan civilizado y cuidado, era todavía casi completamente salvaje e indocumentado en esa época. Las tribus que vivían allí, aunque formidables en batalla, no estaban tan dedicadas al orden y la literatura como los romanos. Tiberio los veía como bárbaros, y su país era hermoso, pero indómito. Sus tribus, aunque luchaban como demonios, también eran fácilmente derrotadas por las legiones de Tiberio. En lugar de pasar todo su tiempo en una dura lucha, Tiberio fue capaz de explorar el magnífico país; en particular, comenzó a seguir el curso del río Danubio. El segundo río más largo de Europa, su longitud sinuosa recorre casi dos mil millas a través del continente, abarcando diez países. Incluso en la antigüedad, era rico en recursos naturales y servía como una importante ruta comercial. Tiberio fue capaz de rastrearlo, cubriendo largas millas con la ayuda de caballos, hasta su fuente. Escondido en las profundidades del territorio hostil de la actual Alemania, entonces conocida como Galia, Tiberio encontró el lugar donde el poderoso Danubio surgió de la tierra, tan fresco como el agua puede ser posible. Hoy en día, la fuente se conoce como la fuente del Danubio, y el manantial está rodeado de pilares de mármol y una imperiosa escultura de una hermosa joven y regordetes querubines. Entonces, era sólo un rico arroyo del agua más pura que brotaba en medio del desierto alemán, pero era igualmente impresionante. Igual de impresionante era el hecho de que, habiendo luchado por el Danubio, Tiberio había establecido el alcance del Imperio romano hasta el norte de Alemania.

Regresando a casa una vez más en el triunfo en el 15 a. C., Tiberio fue elevado al rango de cónsul, ya que Cayo y Lucio eran todavía demasiado jóvenes para tener cualquier tipo de título político. Aunque los cónsules no tenían el mismo poder que antes -Augusto era ahora sin duda el único gobernante del imperio, aunque no se refería realmente a sí mismo como emperador- seguía siendo un rango impresionante, y Tiberio y Vipsania se establecieron en Roma durante tres años de paz, prosperidad y prominencia.

Pero no duró para siempre. En el 12 a. C., Agripa murió. Su muerte fue un golpe terrible para Augusto y para el Imperio romano. Augusto había crecido junto a Agripa; habían sido amigos, camaradas, incluso familia. Peor aún, Agripa había sido el consejero de confianza de Augusto y su apoyo, y el marido de Julia. Su muerte fue desastrosa, y dejó a Julia sin casarse. Con Marcelo muerto hace tiempo y los hijos de Agripa, Cayo y Lucio, meros niños, sólo quedaba un hombre que podía tomar el trono ahora, y ese hombre era Tiberio.

Tiberio era un héroe, pero solo era un hijastro de Augusto (a través de Livia, que no era muy querida por el público), y el emperador sabía que tendría que solidificar sus lazos familiares para que Tiberio fuera aceptado como sucesor en caso de la muerte de Augusto. Así que le hizo a Tiberio exactamente lo que le había hecho al padre de Tiberio.

Lo obligó a divorciarse de la mujer que adoraba.

El golpe salió de la nada, destrozando el mundo feliz de Tiberio. Justo cuando por fin se había enfrentado a la vida en la que Augusto lo había catapultado, justo cuando las cosas le estaban yendo bien, Tiberio estaba a punto de perder lo que más amaba. Por supuesto, el matrimonio con Julia le daría aún más prominencia social, la promesa de convertirse en el emperador de Roma algún día. Pero comparado con perder a Vipsania, ese honor no era nada para él. Tiberio no quería ser emperador. Quería ser el marido de Vipsania, pero al igual que Tiberio Nerón, sabía que no podía discutir.

Para empeorar las cosas, Tiberio se vería obligado a casarse con Julia, una mujer que era odiada a lo largo y ancho del imperio. La belleza de Julia solo era igualada por su extravagancia. Malcriada de niña, pero intimidada para casarse con un hombre tras otro de adulta, Julia solo tenía 27 años y ya había pasado por dos maridos. Estar casada con un tercero solo sirvió para profundizar su amargura. Había dado a luz a tres hijos de un hombre al que no amaba al principio y estaba embarazada de un cuarto; se había visto arrastrada por todo el imperio cuando los deberes de Agripa le llevaron de la Galia a Judea y viceversa. Para empeorar las cosas, parecería que el corazón de Julia había comenzado a ablandarse hacia Agripa, a pesar de que tenía la reputación de ser infiel a él desde el principio de su matrimonio. Justo cuando finalmente comenzó a amarlo, Agripa había muerto, y ahora tenía que casarse con Tiberio. Habían crecido en la misma casa, y debió sentirse como si se casaran con un hermano. Tal vez ella albergaba algún resentimiento hacia Tiberio, ya que había crecido preparada para ser una princesa que sería entregada al marido más elegible, mientras que Tiberio tenía la libertad de hacer la guerra y ser un cónsul y hacer mucho más de lo que nunca pudo.

Julia se había comprometido con el hijo de Marco Antonio cuando tenía solo dos años. Desde ese día, aunque el matrimonio nunca se realizó gracias a la guerra civil, su vida había sido implacablemente controlada por su padre. No se le permitía ver o hablar con nadie a menos que él ya lo hubiera aprobado; no podía jugar en la calle como los niños de la plebe. Confinada a su habitación, buscó consuelo en los libros y la educación, y ahora con Agripa muerto y sus dos hijos adoptados en la casa de Augusto, eran todo lo que le quedaba.

Tiberio no tenía elección. Le dijo su último adiós a Vipsania, a la que aún adoraba, sabiendo que no había otro camino. Sólo tenía tres años cuando Livia lo arrastró durante la noche, huyendo de los gritos de batalla y el humo, huyendo de Octavio cuando estalló la guerra con Antonio. Tiberio era un hombre adulto ahora, un cónsul, mucho más poderoso de lo que Tiberio Nerón había sido nunca. Pero al igual que cuando era un niño pequeño, Augusto todavía decidió cuál sería su destino.

Y su destino era casarse con Julia. Lo hizo, de mala gana y rápidamente, y tan pronto como fue posible después de la boda, Tiberio huyó al campo de batalla en compañía de su hermano y único amigo que le quedaba, Druso. Ni siquiera las tribus germánicas belicosas podían compararse con la princesa de lengua afilada, amarga y doliente que se había convertido en su esposa.

Capítulo 7 – Roca de fondo

Ilustración II: Un grabado del siglo XVII de Vipsania

Drusus estaba muerto.

Tiberio había estado allí, pero era demasiado tarde. Había tomado la mano de su hermano, viendo como el otrora poderoso general y gobernador de la Galia se deslizaba lentamente de este mundo, comatoso e indefenso y muy, muy lejos de casa. Tiberio no pudo hacer nada para salvarlo, así como tampoco pudo hacer nada para evitar que Vipsania fuera arrancada de sus brazos o para mantener a su familia unida cuando era solo un niño y Augusto le quitó a su madre. Ahora, vio a su hermano pequeño morir, lentamente y con dolor.

No fue una batalla que le quitó la vida a Druso, aunque estuvo en guerra la mayor parte de sus años. Según todos los indicios, Druso era un general hábil e inteligente, pero también era intrépido y ocasionalmente un poco extravagante con sus habilidades personales en la batalla. Detestando a Augusto desde el principio, Druso dejó Roma a la primera oportunidad y se mantuvo alejado tanto tiempo como pudo. Había estado en Italia lo suficiente para casarse con la sobrina de Augusto, Antonia Minor, que también era hija de Marco Antonio. Por mucho que odiara a Augusto, amaba profunda y poderosamente a Antonia, permaneciendo incesantemente fiel a ella. Ella esperaba en su nueva casa, Lugdunum (actual Lyon, Francia), con sus jóvenes hijos, a la espera de un marido que nunca volvería a casa.

Al igual que Tiberio estaba esperando a un hermano que nunca despertaría.

Druso había estado en guerra con las tribus germánicas durante la mayor parte de su vida adulta, y había obtenido varias victorias destacadas. Había conquistado territorios completamente nuevos, expandiendo las fronteras de Roma y añadiendo reyes germánicos como tributarios. Sin embargo, no fue una batalla lo que lo mató. Fue un accidente, un simple y tonto accidente, una caída de un caballo. Se aferró a la vida durante un mes después de la caída, durante el cual Tiberio, que había estado cabalgando para encontrarse con él con el fin de conquistar algunas tribus y aliviar su corazón herido después de la pérdida de Vipsania, llegó al lado de su hermano moribundo. No habría conquista; sólo habría dolor. Druso había sido muy querido, especialmente por Tiberio y por Antonia, que vivió los siguientes cincuenta años de su vida sin volverse a casar; tan fiel como Druso había sido en su vida, también Antonia fue fiel después de su muerte.

El dolor de Tiberio fue tremendo. Necesitaba que el mundo entero supiera lo mucho que había amado a su último amigo en el mundo, y por eso volvió a Roma, a una distancia de más de mil millas. Le habría llevado meses. Se negó a montar a caballo cuando el cuerpo de su hermano yacía en un carro y llegó a Roma alrededor del 9/8 a. C.

Sin Druso, la única familia cercana que le quedaba a Tiberio era su madre, su joven hijo de Vipsania y Julia. Livia estaba felizmente causando intriga y caos, tal vez como una especie de venganza por haber sido robada de su vida con Tiberio Nerón (se rumoreaba que quería poner a uno de sus hijos en el trono imperial, y sus intentos de hacerlo estaban causando escándalo); El hijo de Tiberio, Druso (llamado así por el hermano de Tiberio en lugar de su padre, lo cual era poco común durante este tiempo), había sido apartado de su madre; Julia había caído en la embriaguez en ausencia de Tiberio, y ella estaba quizás ya entonces comprometida en un asunto secreto. Sin embargo, ella y Tiberio deben haberse acercado al menos un poco más porque, en el 6 a. C., dio a luz a un hijo. El niño no duró lo suficiente para que la historia sepa su nombre. Murió cuando era un bebé, y Tiberio se sintió robado.

Tropezando por las calles, tratando de llevar a cabo los deberes que ahora desempeñaba como tribuno romano, Tiberio estaba medio ciego en una nube de dolor y depresión cuando la vio. Vipsania. No había notado su presencia; se había vuelto a casar, por supuesto, con un prominente senador llamado Cayo Asinio Galo Salonino, un hombre al que Tiberio odiaba apasionadamente, entre otras cosas porque Galo afirmaba que el hijo de Druso Tiberio por Vipsania era su propio hijo. Vipsania caminaba por las calles, y era un símbolo de todo lo que Tiberio había perdido. No podía contenerse. Tropezó con ella, llorando abiertamente, el terrible sonido de su pena resonando de edificio en edificio, siendo su desvergonzado llanto tan fuerte que era la manifestación física de un hombre que había perdido todo lo que una vez había amado.

Sería la última vez que Tiberio amara algo con todo su corazón.

* * * *

Para frotar sal en la herida, alrededor del 5 a. C., cerca de la época en que Tiberio volvió a ver a Vipsania, el nieto biológico e hijo adoptivo de Augusto, Cayo César, cumplió quince años. Aliviado por el hecho de que un heredero biológico había llegado a una edad relativamente madura, Augusto comenzó a prestar toda su atención al joven Cayo, que nunca había empuñado una espada para defender o expandir el imperio, pero que tuvo la suerte de nacer con el ADN adecuado. Tiberio, una vez tan cerca de ser el heredero del trono romano, fue prácticamente olvidado. Una vez más, no era más que un peón en el despiadado juego de Augusto.

Abruptamente, Tiberio había tenido suficiente. Ya no podía soportar vivir bajo la sombra de Augusto. La última campaña de Druso había sido tan exitosa que Augusto incluso había cerrado las puertas del templo de Jano, el dios romano de la guerra, significando una paz total en el imperio. Ya no había bárbaros que suprimir para darle un propósito a Tiberio. Julia estaba siendo extravagantemente horrible; tropezó borracha en público y trajo la vergüenza a Tiberio. Después del vergonzoso espectáculo que Tiberio había causado al ver a Vipsania, Augusto incluso le había prohibido volver a verla.

Harto de todo esto, Tiberio simplemente se rindió. Se retiró de la política y se mudó a la isla griega de Rodas, un paraíso tropical donde pudo vivir cómodamente y lejos de las miradas entrometidas de los romanos y de los humillantes chismes que rodeaban constantemente a Julia. Tal vez, aquí, lejos de Augusto, Tiberio podría finalmente vivir su propia vida en libertad. Trágicamente, parecería que no hizo tal cosa. En cambio, deprimido, Tiberio se retiró silenciosamente de la sociedad y de sus deberes. Pasó su tiempo solo, sin tener a nadie en el mundo que realmente amaba, su corazón roto y amargado.

Pronto, incluso Julia ya no estaría con él. En el 2 a. C., ella tuvo éxito en causar un terrible escándalo cuando su relación ilícita con un hombre de sangre noble llamado Julo Antonio salió a la luz. Había más en la historia que una simple aventura extramatrimonial, aunque no está claro cuánto de los cuentos que rodean la promiscuidad de Julia son verdaderos. Varios hombres fueron ejecutados o forzados a suicidarse, posiblemente como resultado de las relaciones con Julia. En cuanto a Julia, Augusto, preocupado por el futuro del imperio y harto de sus tonterías, la envió al exilio a la isla de Pandateria (actual Ventotene). Solo la acompañaba su madre, Escribonia, y se le prohibió tener visitas. Considerando que Pandateria estaba casi deshabitada, fue nada menos que una tortura para la social Julia.

Para Tiberio, al menos, el exilio de su esposa fue una bendición. Y otra bendición estaba por venir, o tal vez sea mejor llamarlo una maldición. Tiberio pronto sería el único heredero vivo del trono imperial.

Capítulo 8 – Ascensión

A pesar de que Augusto había comenzado claramente a preparar a Cayo para su heredero y empujó a Tiberio a un lado, estaba horrorizado por el abrupto traslado de su hijastro a Rodas justo cuando su carrera en Roma se veía prometedora. Cayo era obviamente su favorito, pero Augusto no era tonto. Sabía lo rápido que las cosas podían cambiar, y Tiberio seguía siendo su plan de respaldo. Le imploró a Tiberio que regresara a Roma. Tiberio, sin embargo, se negó rotundamente. Había pasado su vida a disposición del emperador romano. No iba a volver a casa como un buen chico ahora.

Según un cuento, su verdad es algo discutida, Augusto decidió fingir que estaba terriblemente enfermo. Esta artimaña finalmente llamó la atención de Tiberio. No por el bien de Augusto, sino por el del imperio por el que había luchado tanto, Tiberio zarpó de Rodas. Sin embargo, no puso un pie en Roma. En su lugar, ancló no muy lejos de la ciudad, esperando noticias. Cuando Augusto finalmente se rindió y se recuperó milagrosamente, Tiberio dio la vuelta y regresó a su isla paradisíaca. Con eso, el retiro de Tiberio ya no era simplemente un retiro. Augusto estaba indignado de que, después de años de seguir mansamente sus órdenes, Tiberio cometiera este acto de rebelión. Incluso cuando Tiberio se sintió culpable por sus acciones y hubiera regresado a Roma para ayudar, Augusto se negó, y con eso, Tiberio estaba en el exilio.

Eliminando a Tiberio sin esfuerzo, Augusto dirigió su atención a sus hijos adoptivos. Fue alrededor del 2 a. C. cuando empezó a prestarle a Lucio, ahora un adolescente mayor, la misma atención que le había prestado a Cayo. Los chicos eran ambos jóvenes ahora, y Augusto confiaba en que serían capaces de sucederle. Dejó a Tiberio deprimido en Rodas; Augusto no lo necesitaba.

No iba a ser así.

Tiberio acababa de aceptar su destino de vivir en soledad, haciendo todo lo posible por evitar a su propia esposa, cuando el desastre ocurrió en el año 2 d. C.: Lucio, el menor de los dos hijos adoptivos de Augusto, murió. Augusto, sabiendo que se estaba quedando sin herederos, no tuvo más remedio que permitir el regreso de Tiberio a Roma en caso de que algo le ocurriera a su último heredero biológico, Cayo. Y en el 4 d. C., algo sucedió. Cayo había sido enviado a Armenia para resolver un levantamiento en la zona, era un joven de veintitantos años, bien educado y un cónsul capaz, cuando fue herido en el fragor de la lucha. Las heridas resultaron ser fatales, y así como así, el destino del Imperio romano estaba súbita y precariamente en juego.

Augusto tenía 67 años en ese momento, y sabía que no iba a vivir para siempre. Tenía que actuar rápido para asegurar el futuro del imperio, y Tiberio era todo lo que le quedaba. Tiberio debía ser consciente de que era la cuarta o quinta opción para ser el sucesor de Augusto, pero permitió que lo adoptaran como hijo de Augusto y se preparó rápidamente para convertirse en el próximo emperador romano. De cualquier manera, con Julia fuera de su vida, Tiberio parece haber empezado a mejorar. Fue enviado al frente germánico una vez más en el 9 d. C. para derrotar a un grupo de tribus que habían estado causando considerables problemas a las legiones romanas de allí, y su misión fue un gran éxito.

El pueblo había comenzado a poner su fe en Tiberio de nuevo, lo cual era algo bueno porque sólo cinco años más tarde -en el año 14 d. C. y a la madura edad de 77 años-, César, el primer emperador de Roma, murió por causas naturales. Incluso en su muerte, controló el destino de Tiberio pasándole el Imperio romano. A la edad de 56 años, Tiberio, desgastado y amargado por una vida de hostigamiento del difunto emperador, era ahora un emperador en persona.

Capítulo 9 - Una pendiente resbaladiza hacia Capri

Ilustración III: Moneda romana con la imagen de Tiberio. Tiberio fue emperador de Roma en la época de Jesucristo, y la moneda mencionada en los Evangelios era probablemente idéntica a las que se muestran

Los primeros años del reinado de Tiberio fueron prometedores.

Augusto había estado gobernando sobre Roma durante un largo y mayormente pacífico período; mientras que había habido problemas en la Galia y Armenia, una vez terminada la guerra civil con Marco

Antonio, los romanos que vivían en Italia y en la propia Roma habían disfrutado de prosperidad y estabilidad. Hubo cierta inquietud por la posibilidad de que Tiberio tomara el trono al principio, particularmente de los ejércitos, que apoyaban a un hombre llamado Germánico Julio César Claudio, el hijo del difunto Druso, por lo tanto, sobrino de Tiberio. Germánico era un hábil general y el esposo de Agripina la Mayor, una de las hijas de Agripa y Julia, lo que le dio un vínculo familiar con Augusto. Germánico podría haber llevado a Tiberio a un montón de agua caliente si hubiera elegido rebelarse contra el nuevo emperador. A petición de Augusto, Tiberio adoptó a Germánico como su hijo, y probablemente para su sorpresa, Germánico demostró apoyar de todo corazón a su padre adoptivo. Era un amigo incondicional y leal hasta la médula, y por primera vez desde la muerte de Druso, Tiberio sintió que tenía una familia de nuevo.

Con Germánico cuidando el lado militar de las cosas, y la estabilidad regresando a la vida hogareña de Tiberio, era libre de concentrarse en su gobierno. Su madre, Livia, estaba decidida a entrometerse lo más posible, tratando de gobernar a través de su hijo, pero Tiberio fue capaz de mantenerla fuera de su negocio, al menos al principio. Se ganó la reputación de ser modesto y moderado, manejando bien las finanzas de Roma. Incluso puso fin a los fastuosos juegos de gladiadores, ya que la nobleza de Roma los disfrutaba cuando debería haber prestado atención a los asuntos de estado.

Durante cinco años, Roma disfrutó de una paz constante bajo un emperador que, aunque no era tan extravagantemente brillante como Augusto, era sin embargo un administrador sabio y capaz. Tal vez valga la pena señalar que, aunque ahora era el hombre más poderoso del mundo, Tiberio no logró obligar a Galo a divorciarse de Vipsania. En su lugar, permitió a su exmujer disfrutar de la vida que había estado viviendo durante décadas y se dedicó a gobernar su imperio tan bien como pudo.

Era otra tragedia personal que cambiaría el reinado de Tiberio de excelente a terrible. Este hombre lo había perdido todo, primero su madre, luego su padre, su hermano, su esposa, sus hijos, y ahora estaba a punto de perder también a su hijo adoptivo.

Germánico había seguido siendo todo lo que se esperaba de un heredero del imperio: exitoso en la guerra, capaz en la paz, constantemente leal al emperador, y fértil, abundantemente. En el 17 d. C., habiendo conquistado con éxito aún más regiones germánicas, Germánico obtuvo un triunfo y desfiló por las calles de Roma junto a sus cinco hijos. Entre esos niños había un niño pequeño, llamado entonces Cayo, que un día sería conocido como Calígula, un notorio emperador romano.

Dos años después, Germánico partió para recorrer el Mediterráneo y luego Egipto. En Egipto, la fuente de la mayoría de los granos del imperio, bajó el precio del grano sin consultar a Tiberio. Por mucho que Tiberio amara al joven príncipe, se vio obligado a reprenderlo, y Germánico regresó a Antioquía en Siria en su camino de regreso a Roma. Trágicamente, Tiberio nunca lo volvería a ver. Germánico murió en Antioquía en el 19 d. C., probablemente envenenado por Piso, un gobernador celoso que lo veía como un rival.

La muerte de Germánico fue un golpe terrible para la ya delicada psique de Tiberio, y para empeorar las cosas, las sospechosas circunstancias de su muerte se convirtieron rápidamente en un escándalo político que se salió de control. Agripina acusó a Tiberio de haber envenenado a Germánico. Tiberio no había hecho tal cosa, pero su reprimenda al príncipe dio credibilidad a la historia de Agripina, y toda su familia se vio envuelta en un largo y desordenado caso judicial. Afligido y desconfiado por su gente, el corazón de Tiberio estaba roto. Agripina y su segundo hijo, Druso César, fueron enviados al exilio, donde ambos murieron de hambre. Uno de sus otros hijos, Nerón Julio César Germánico, fue finalmente asesinado.

El único hijo sobreviviente de Germánico fue un niño llamado Cayo, que solo sobrevivió porque se le consideró demasiado joven para ser una amenaza para el trono. Tiberio estaba una vez más completamente solo, así que se aferró al pequeño Cayo, adoptándolo como su hijo. Con Germánico muerto, Tiberio era vulnerable y pronto se encontró bajo ataque. Livia tuvo más éxito ahora en entrometerse en los asuntos del imperio; fue posiblemente con su influencia que Tiberio cometió un terrible error al instaurar una política conocida como delación. Este era el proceso por el cual cualquiera podía hacer una acusación contra una familia de clase alta. La acusación normalmente se castigaba con la confiscación de toda o parte de su riqueza, que luego se entregaba, al menos parcialmente, al acusador. Por supuesto, las falsas acusaciones siguieron, y la nobleza de Roma se volvió rápida y completamente en contra de Tiberio.

Para el 26 d. C., ahora acercándose rápidamente a los setenta años, Tiberio ya no podía lidiar con los rigores de dirigir el imperio. Había dejado cada vez más el Senado solo con la administración, y finalmente, decidió simplemente dejar Roma por completo, anhelando la paz que había experimentado en Rodas. Se llevó al pequeño Cayo a la isla de Capri y se retiró allí, dejando el imperio en manos de un hombre llamado Lucio Aelio Sejano, un capitán de la Guardia pretoriana. Sejano tomó con alegría todo el poder que Tiberio le otorgó, y el propio emperador se retiró casi por completo de la política, aunque conservó su título.

Capítulo 10 - La última jabalina

En su larga y cansada vida, Tiberio había intentado una y otra vez encontrar la satisfacción en sus relaciones: con Druso, con Vipsania, con Germánico. Ahora, despojado de sus seres queridos, con el corazón roto más veces de las que podía soportar, Tiberio se dedicó a otras cosas para darle placer. Y la Villa de Júpiter en la isla de Capri estaba llena de los placeres mundanos en los que el viejo emperador eligió refugiarse.

Villa de Júpiter estaba en la cima de un imponente acantilado, cayendo en las casi imposibles aguas azules del Mediterráneo. Sus grandiosas historias múltiples albergaban una variedad de placeres sexuales casi indecibles. Tiberio había sido un guerrero, un amante, un emperador; ahora, era poco más que un desagradable anciano, buscando placer corporal, su alto intelecto descendió a un pozo de locura y lujuria. Y fue en este ambiente que el pequeño Cayo tuvo que crecer, su joven mente y sus ojos expuestos a los fastuosos e inapropiados placeres a una tierna edad. Considerando esto, no es de extrañar que el niño se convirtiera en el famoso emperador loco Calígula.

Tiberio se había escabullido en la depravación total, constantemente consintiendo en la bebida y el sexo de todo tipo concebible. Se había convertido en un borracho y un pervertido, pero seguía siendo el emperador, y nos guste o no, seguía siendo responsable del imperio. Sejano, resultó ser un terrible reemplazo.

Fue una vez más el drama familiar, en lugar de las amenazas políticas, lo que causaría el desastre en Roma. El hijo de Vipsania por Tiberio, Druso, se había casado con una hermosa joven llamada Livila. Tristemente, Livila se parecía más a Julia que a la madre de Druso. Comenzó a tener una aventura con Sejano, quien finalmente envenenó a Druso. Cuando la noticia de la muerte de su hijo llegó a Tiberio, despertó de su estupor lo suficiente para darse cuenta de que Sejano lo había matado. Así, cuando Sejano y Livila le pidieron permiso a Tiberio para casarse, el emperador se negó rotundamente. Sejano estaba indignado de que el hombre que había dejado la responsabilidad de todo un imperio sobre sus hombros se atreviera a rechazar sus deseos. Él y Livila iniciaron un complot contra Tiberio, y solo gracias a una advertencia de la madre de Livila el complot no tuvo éxito. Tiberio se reunió, volvió a Roma, e hizo que Sejano y Livila fueran horriblemente ejecutados en el 31 d. C.

Después, Tiberio se retiró una vez más a Capri, haciendo poco o ningún esfuerzo para asegurar la sucesión y abandonando el imperio al gobierno del Senado. Cayo, ahora un joven llamado Calígula, fue nombrado cuestor; sin embargo, no había recibido la educación adecuada para el heredero del trono imperial. Tiberio, en este punto, ya no podía ser molestado. Había sufrido demasiado. Solo quería morir en paz en Capri, haciendo lo que quisiera.

Incluso eso le sería negado al viejo emperador lujurioso.

En marzo del 37 d. C., Tiberio había viajado a Miseno, un antiguo puerto de Italia, para participar en una ceremonia. Era poco más que un figurante en este punto, pero, sin embargo, llegó para desempeñar su papel, acompañado por el joven Calígula. La ceremonia requería que lanzara una jabalina. Habían pasado décadas desde que Tiberio había levantado por última vez la pequeña y elegante arma de madera; una vez, la había lanzado con precisión mortal a las gargantas de los enemigos de Roma. Sus movimientos habían sido sin esfuerzo entonces, jóvenes y ágiles, su corazón lleno de pasión por Vipsania y la camaradería con Druso. Pero ahora era solo un viejo gordo, cansado y borracho, que tropezaba con la ceremonia para lanzar esta jabalina y luego, con suerte, volver a Capri para un poco más de libertinaje. Aun así, demostraría a esta gente que seguía siendo el emperador. Echando el brazo hacia atrás, Tiberio lanzó la jabalina tan fuerte como pudo. Fue un terrible error. La agonía le atravesó el hombro derecho, y fue más de lo que pudo soportar. El emperador se derrumbó en el suelo, y sus ayudantes lo rodearon en pánico.

Durante días, Tiberio no logró despertar del coma. Se mantuvo cómodo en su villa de Miseno, parecía estar lentamente alejándose del mundo que lo había tratado tan duramente. Para el 16 de marzo, incluso su respiración se había detenido. Con gran alegría, Calígula se anunció como el nuevo emperador; el pueblo, en honor a su amado Germánico, se apresuró a aclamarlo. No tenían forma de saber que se convertiría en un emperador mucho peor de lo que había sido su abuelo adoptivo; por ahora, sólo esperaban tener un gobernante más estable de lo que Tiberio había resultado ser. Oleadas de seguidores comenzaron a hacer arreglos para que Calígula fuera coronado emperador.

Fue para su horror que llegaron noticias de la villa de Tiberio. No sólo el viejo emperador no estaba muerto, sino que estaba ocupado despertando, de hecho, estaba hablando con sus asistentes. El pánico se extendió por Miseno cuando los partidarios de Calígula se dieron cuenta de que todos ellos habían cometido efectivamente una traición. Montones de personas aterrorizadas comenzaron a huir de la ira del emperador, al igual que su familia había huido una vez del rostro de Augusto. Mientras el caos llenaba la ciudad portuaria, Calígula se mantuvo en calma. Ordenó al comandante de la guardia pretoriana, su mano derecha, Macro, que se ocupara del problema. Y en medio del pánico, Macro entró tranquilamente en la habitación de

Tiberio, apartó a sus ayudantes, cogió la ropa de cama del viejo y lo asfixió. Tiberio no pudo hacer nada para defenderse.

Tiberio tenía 77 años cuando murió, y su gobierno había durado 23 años. A pesar de que había dejado las arcas de Roma llenas hasta casi desbordarse, y el imperio mucho más estable que en la época de Augusto, su terrible comportamiento en los últimos once años de su reinado lo había hecho abundantemente impopular entre la gente y la historia.

Conclusión

Tiberio fue sucedido enérgicamente por Calígula, quien forzó al nieto biológico del exemperador, Tiberio Gemelo, a abandonar su derecho de nacimiento al trono. Calígula se volvería aún más terrible de lo que Tiberio había sido. Tras un comienzo prometedor, Calígula enfermó a los pocos meses de comenzar su reinado. Su cuerpo se recuperó, pero su mente nunca lo hizo. Roma sufriría bajo el reinado de un completo loco durante los siguientes cuatro años hasta que su propia familia lo apuñaló hasta la muerte en el año 41 d. C.

El mismo Tiberio pasaría a la historia como el segundo emperador de Roma, así como uno de los emperadores romanos más impopulares. Aunque no se le podía describir como un tirano, sino más bien como una especie de padre negligente para todo un imperio, la última parte de su reinado se caracterizó por el libertinaje, la abundante corrupción y el ausentismo.

Sin embargo, reflexionando sobre la vida de Tiberio antes de convertirse en emperador, no es difícil ver por qué fue llevado a tales extremos lujuriosos. Toda su vida había sido controlada por Augusto; incluso en la infancia, se vio obligado a aceptar que no tenía nada que decir sobre cómo creció, con quién se casó o cuál sería su carrera. Perdió a su amada esposa por la determinación de Augusto de asegurar la sucesión. Vio a su hermano muerto en una guerra destinada a expandir el territorio de Augusto. Y aun cuando Augusto se había ido, Tiberio se encontró viejo y solo. No podía pensar en ningún otro lugar al que acudir que a todos los espantosos placeres que se permitió en Capri.

Cabe mencionar que cuando Tiberio recibió el Imperio romano, todavía estaba en su infancia. Era solo el segundo emperador de Roma, gobernando sobre un vasto y extenso territorio que había sido recientemente devastado por la guerra civil, cuando Augusto usó la espada y su agudo ingenio para convertir una república en decadencia en un imperio en ascenso. Tiberio tuvo la poco envidiable tarea de consolidar Roma, demostrando al mundo que existía un Imperio romano, aunque Augusto ya no estuviera vivo. Al menos en eso, Tiberio tuvo éxito.

Pero a pesar de los brillantes primeros años de su reinado, Tiberio se había ganado la reputación de ser uno de los peores emperadores de Roma. Sin embargo, mirando hacia atrás en su triste vida, y su horrible muerte, hay que argumentar que también fue uno de los más trágicos.

Vea más libros escritos por Captivating History

Fuentes

https://www.rome.net/roman-republic

https://www.biography.com/political-figure/julius-caesar

https://www.ancient.eu/Lucius_Tarquinius_Superbus/

https://www.ancient.eu/Roman_Empire/

https://www.history.com/topics/ancient-rome/ancient-rome

https://www.thoughtco.com/the-early-kings-of-rome-119374

https://www.biography.com/political-figure/julius-caesar

https://www.ancient.eu/augustus/

https://www.nationalgeographic.com/culture/people/reference/augustus-caesar/

https://www.history.com/news/julius-caesar-assassin-ides-of-march

https://www.politico.com/story/2016/03/julius-caesar-is-assassinated-by-roman-senators-march-15-44-bc-220694

https://www.ancient.eu/Julius_Caesar/

https://www.history.com/topics/ancient-history/mark-antony

https://www.historyhit.com/the-last-civil-war-of-the-roman-republic/

https://www.ancient.eu/Livia_Drusilla/

https://www.britannica.com/biography/Nero-Claudius-Drusus-Germanicus

https://www.ancient.eu/article/96/the-roman-funeral/

https://www.nationalgeographic.com/culture/people/reference/augustus-caesar/

https://www.geni.com/people/Tiberius-Claudius-Nero/6000000003051269288

https://www.thefamouspeople.com/profiles/tiberius-4397.php

http://www.applet-magic.com/tiberius.htm

https://www.livius.org/search/?q=tiberius

https://www.livius.org/articles/person/julia-3/

https://www.historyofroyalwomen.com/roman-empire/julia-elder-biological-child-emperor-augustus/

https://www.geni.com/people/Nero-Claudius-Drusus-Germanicus/6000000007774655553

https://www.ancient.eu/Tiberius/

https://www.ancient.eu/Germanicus/

https://www.britannica.com/biography/Tiberius/Reign-as-emperor

https://www.ancient.eu/Livia_Drusilla/

https://www.ancientworldmagazine.com/articles/villa-jovis-tiberius-villa-capri/

https://blog.oup.com/2014/11/roman-emperor-tiberius-capri-suetonius/

http://blogs.nottingham.ac.uk/mintimperials/2015/03/16/on-this-day-in-37ad-the-roman-emperor-tiberius-died/

https://www.thoughtco.com/tiberius-roman-emperor-121262

https://www.history.com/topics/ancient-history/caligula

Ilustración I: Por Luis García (Zaqarbal), 25 de marzo de 2006., CC BY-SA 3.0, https://commons.wikimedia.org/w/index.php?curid=664161

Ilustración II: Este archivo proviene de Wellcome Images, un sitio web operado por Wellcome Trust, una fundación benéfica global con sede en el Reino Unido. Consulte la entrada del blog de Wellcome (archivo).

Ilustración III: https://upload.wikimedia.org/wikipedia/commons/6/6c/Tiberius_RPC_5089.jpg

www.ingramcontent.com/pod-product-compliance
Lightning Source LLC
LaVergne TN
LVHW042001060526
838200LV00041B/1820